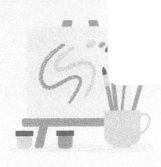

PAESAGGI AFFASCINANTI

Libro da colorare per rilassarsi e alleviare lo stress

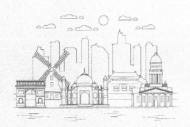
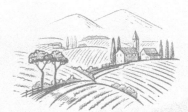

Nature & Art Editions

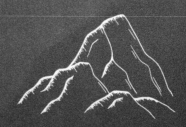

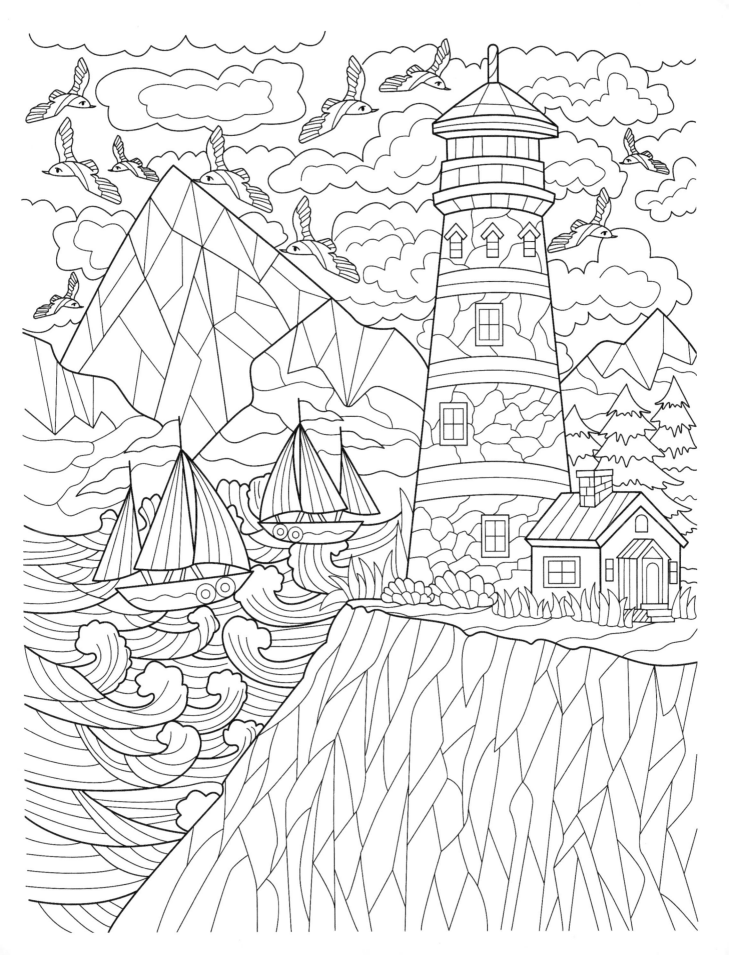

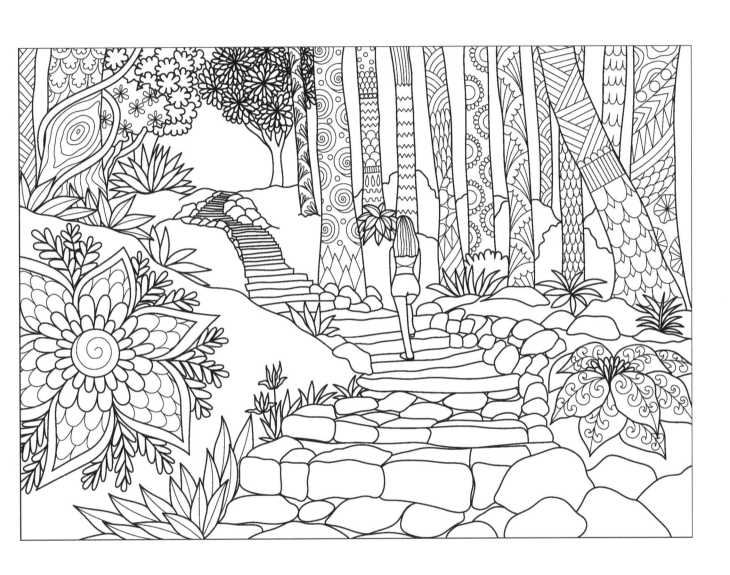

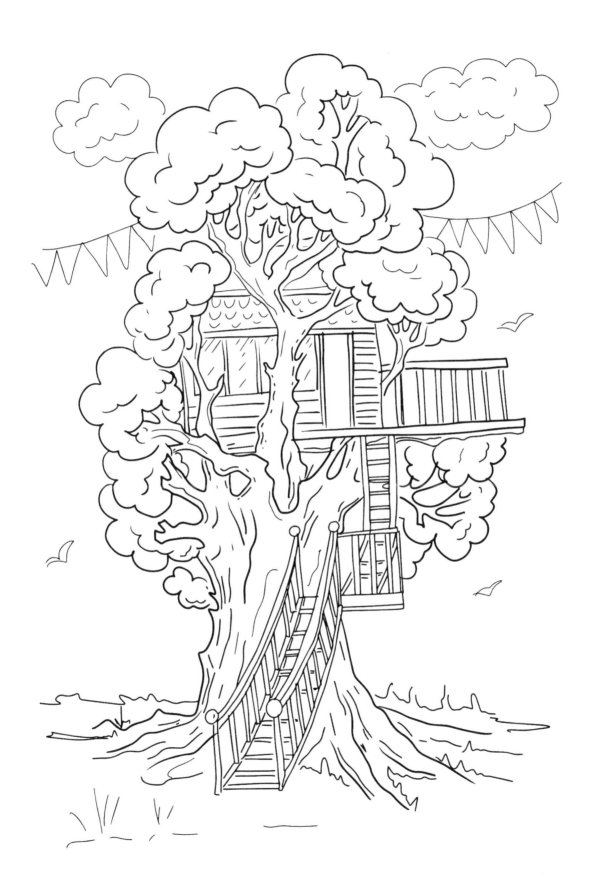

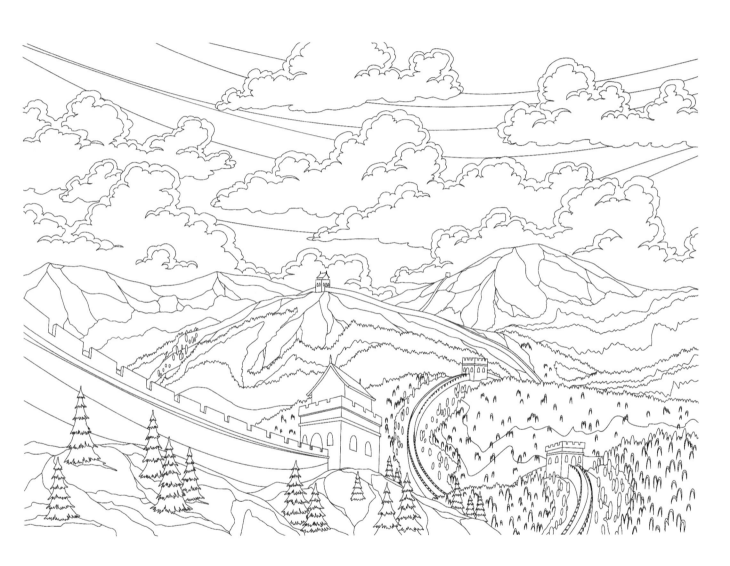

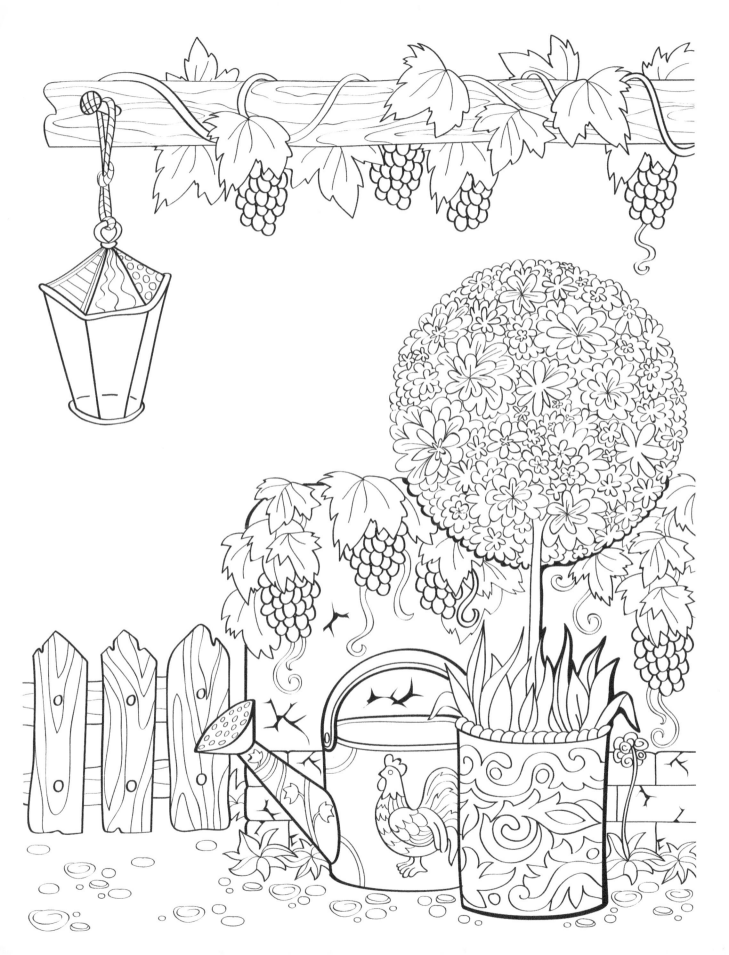

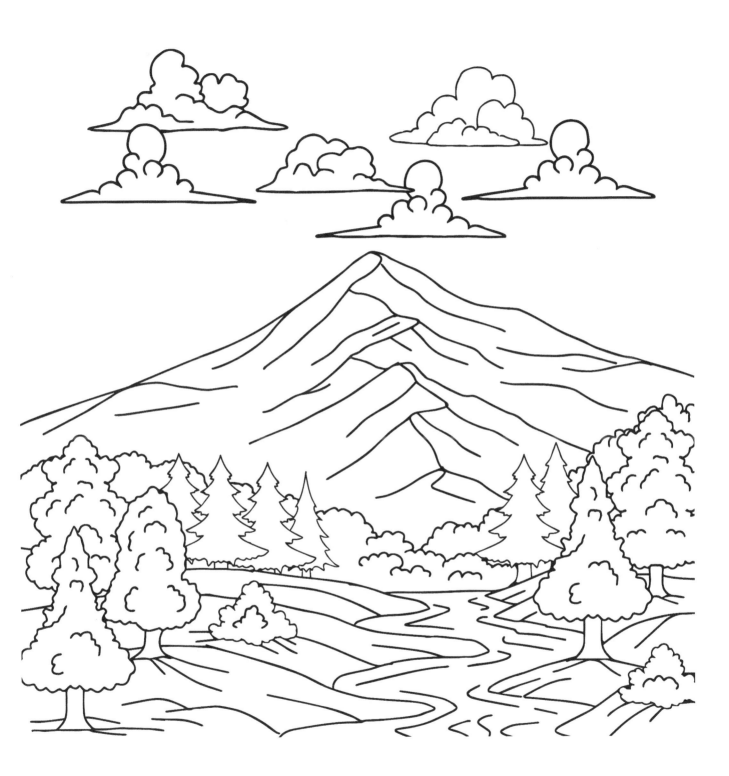

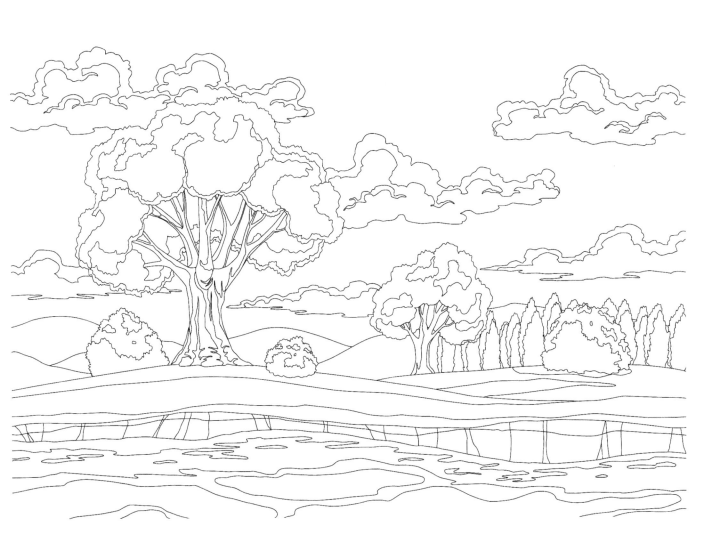

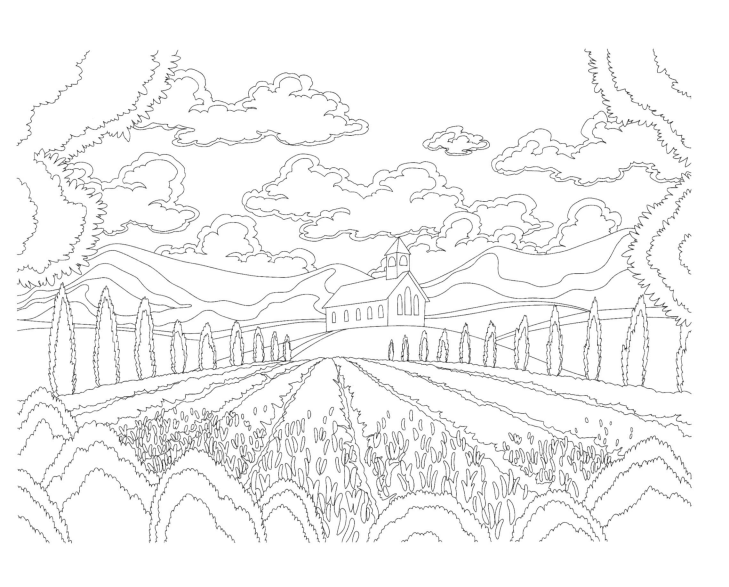

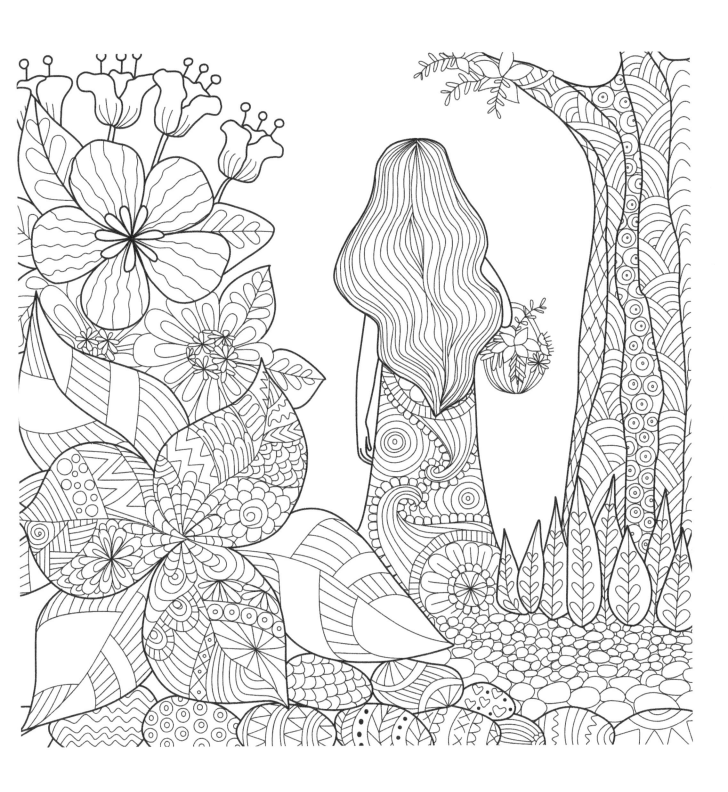

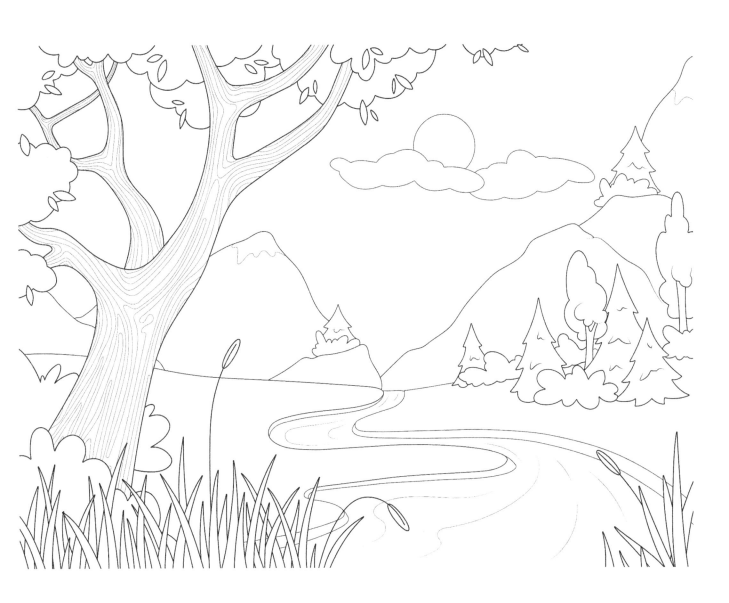

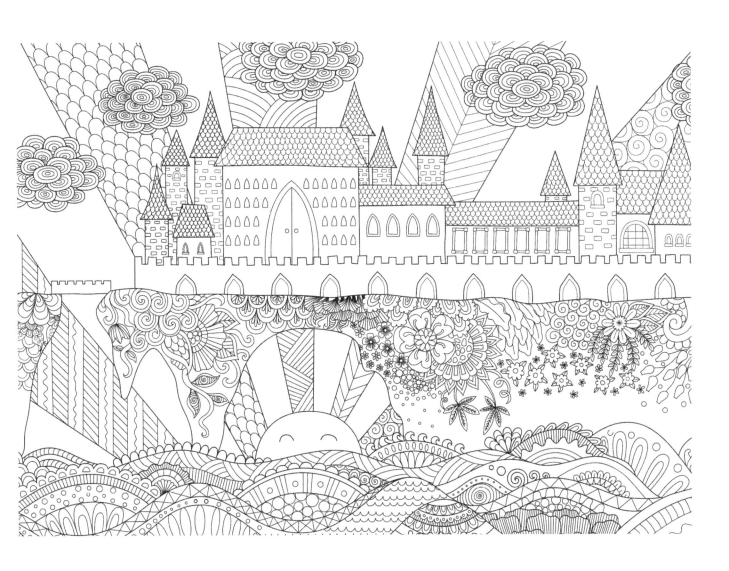

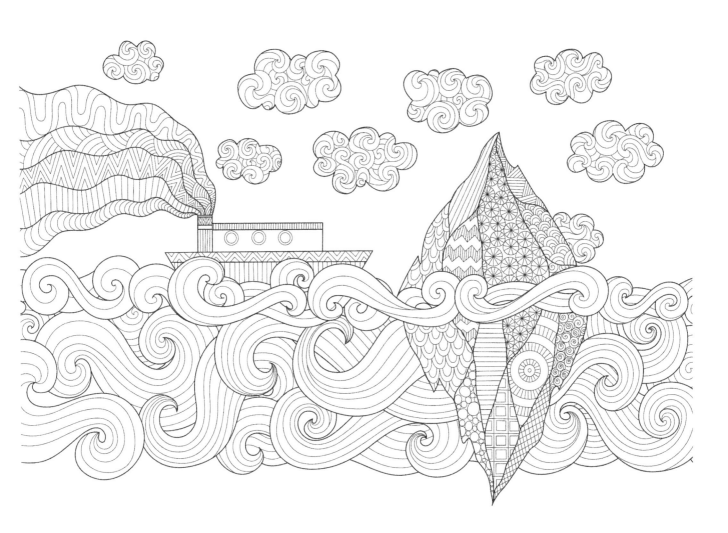

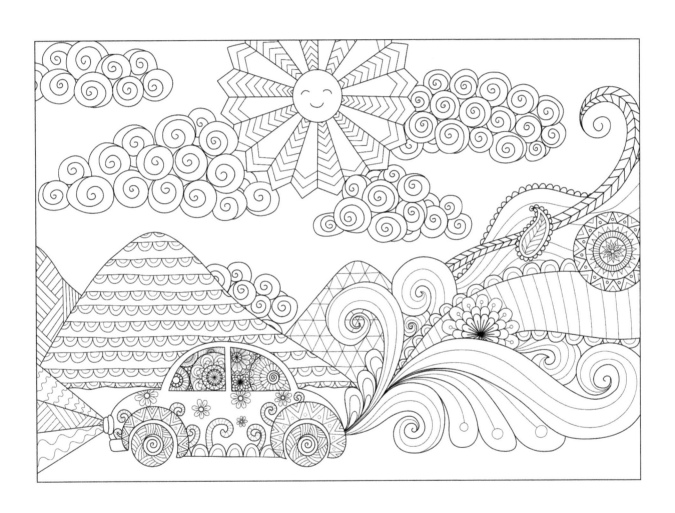

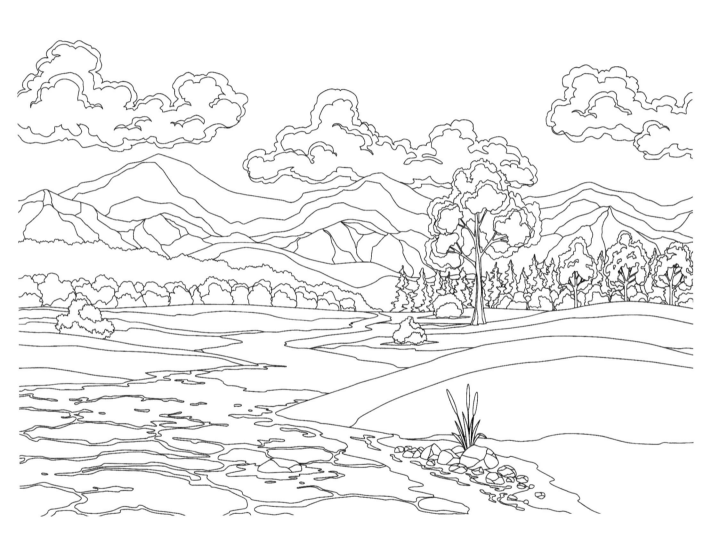

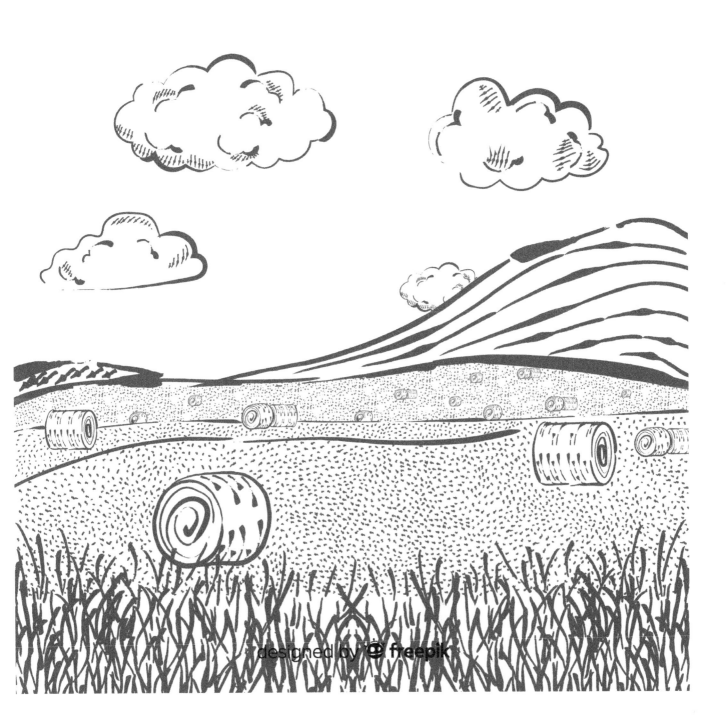

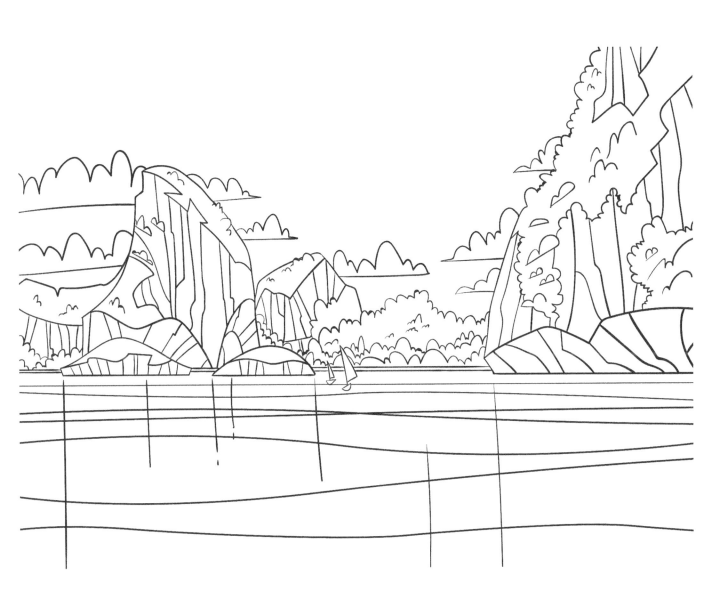

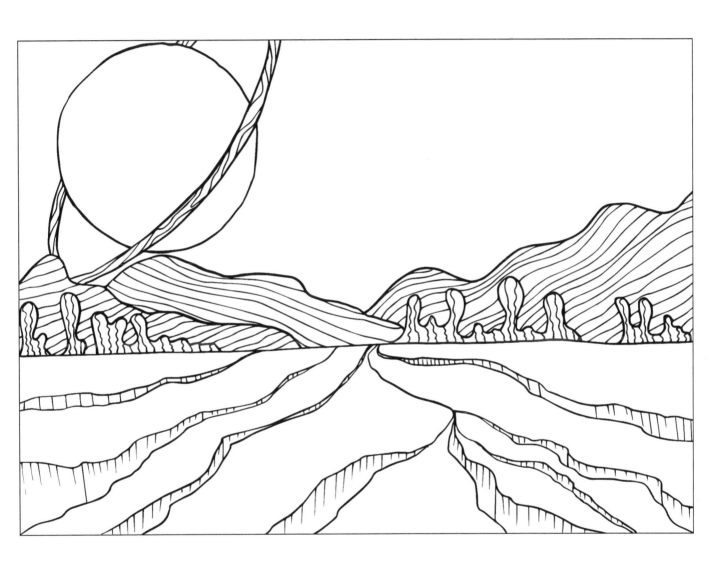

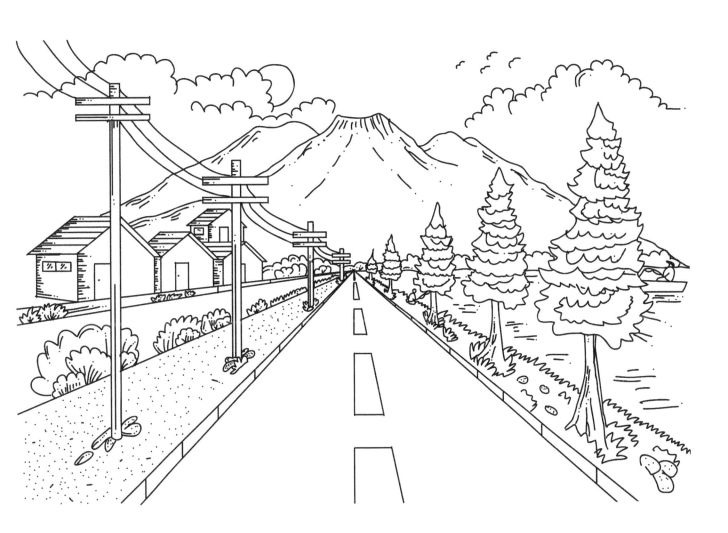

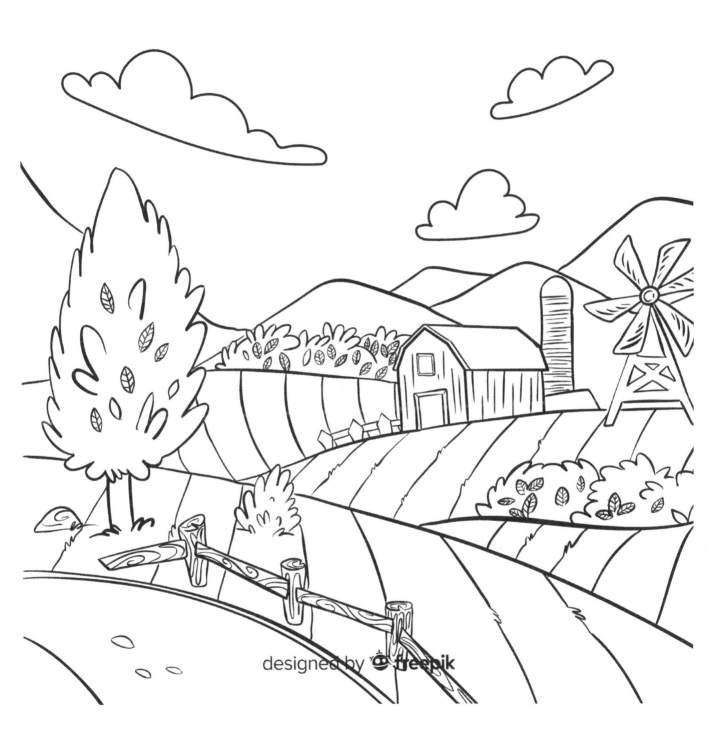

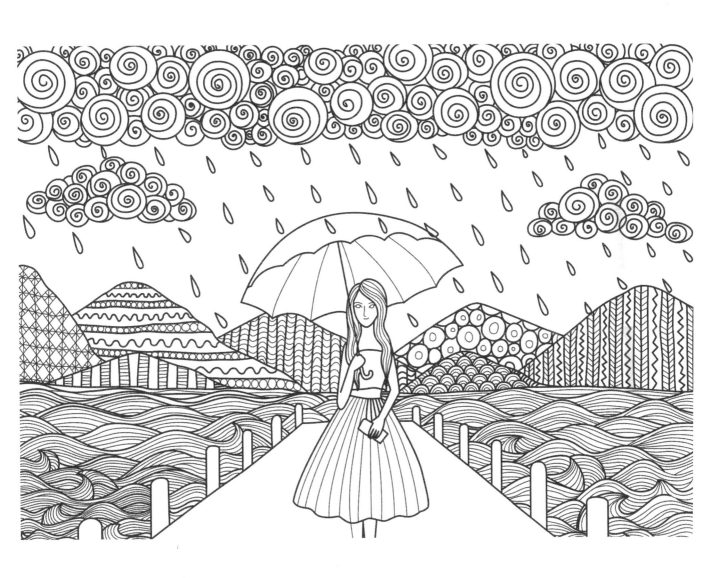

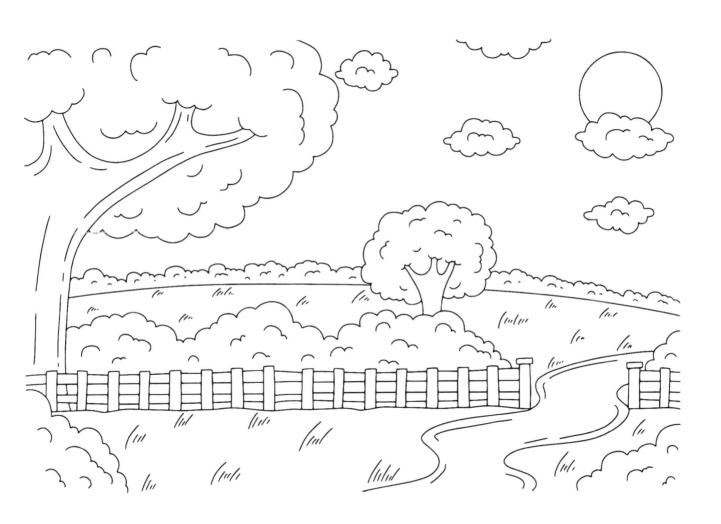

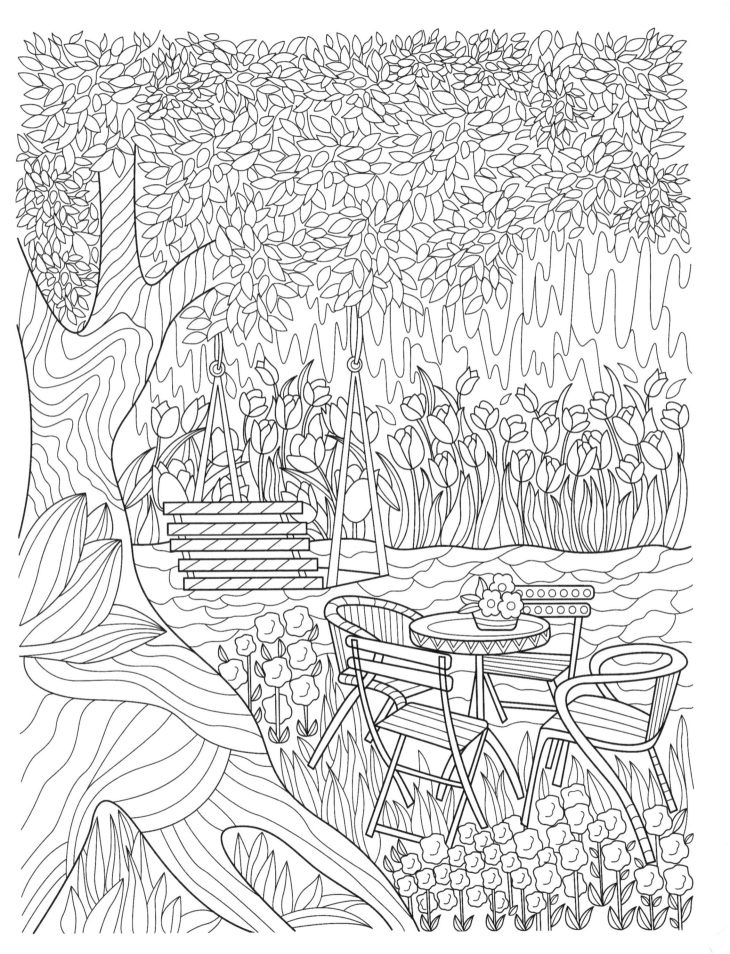

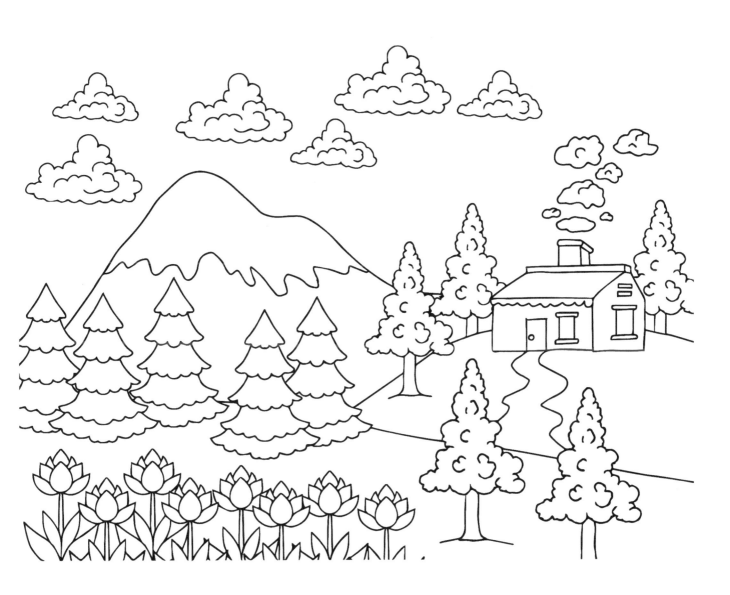

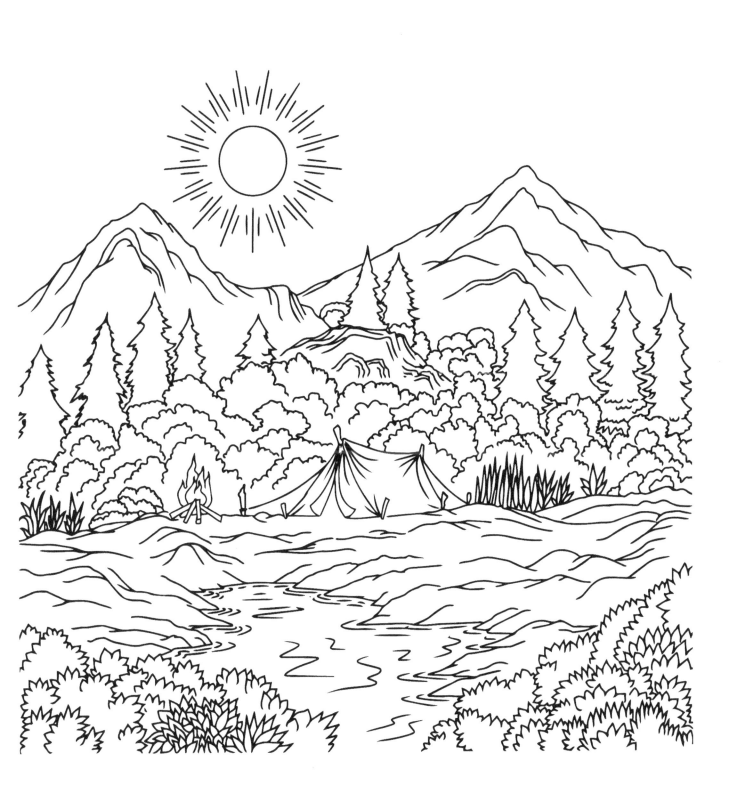

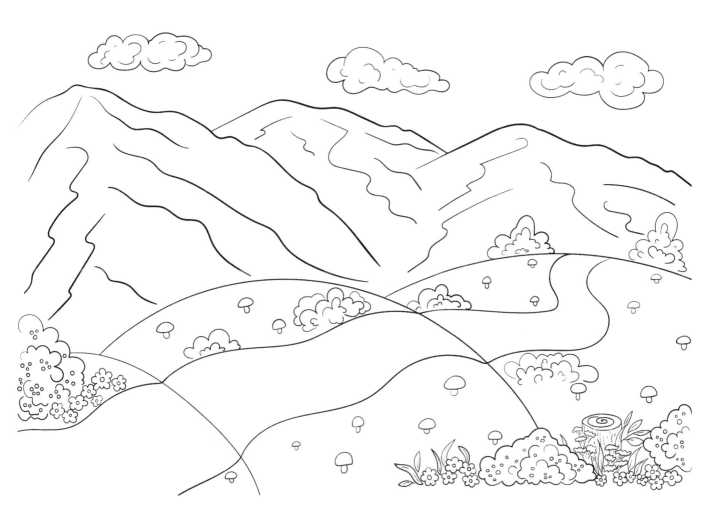

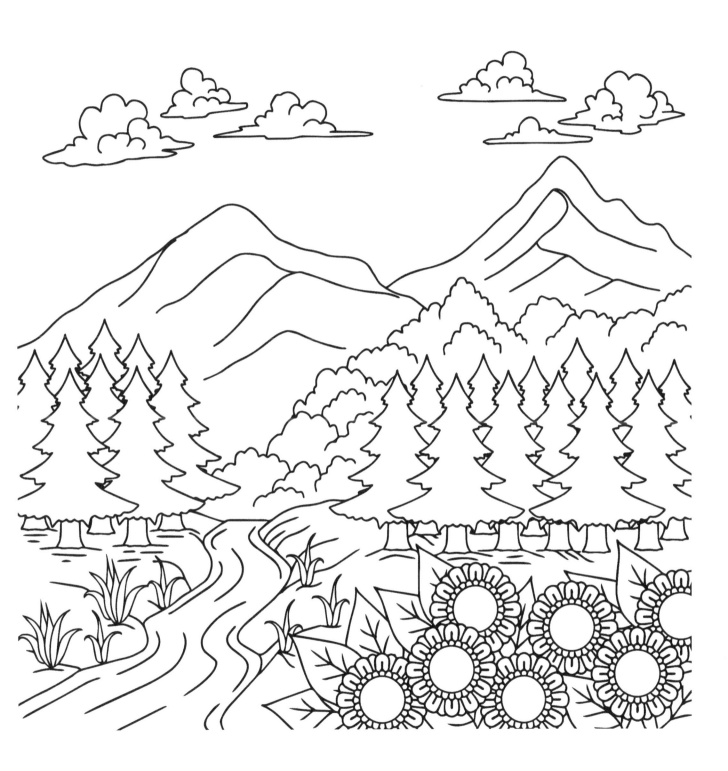

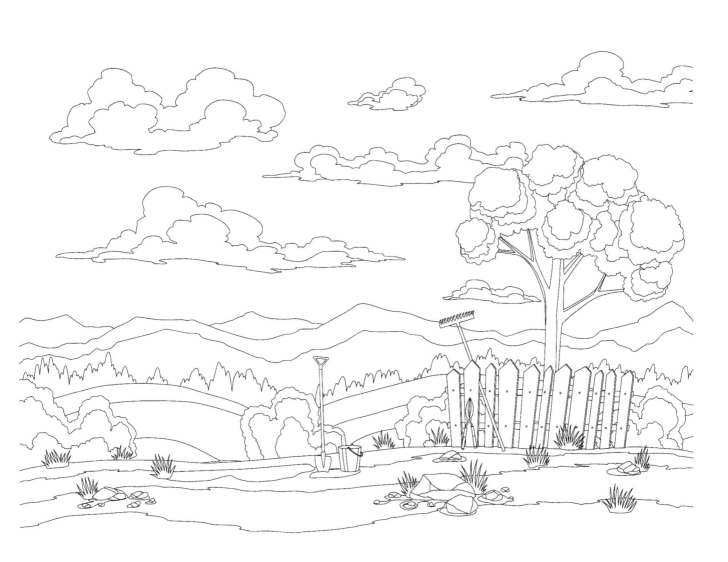

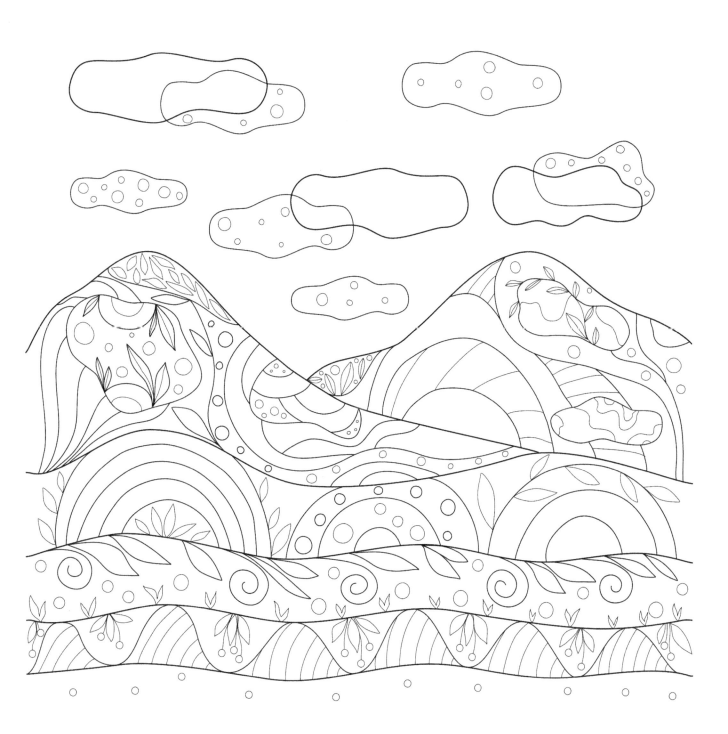

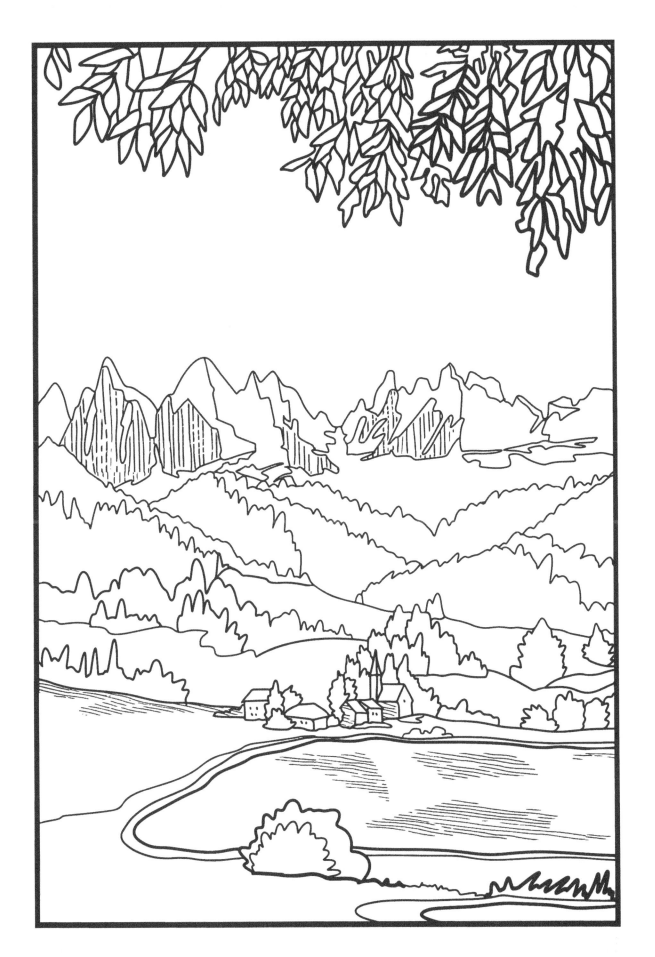

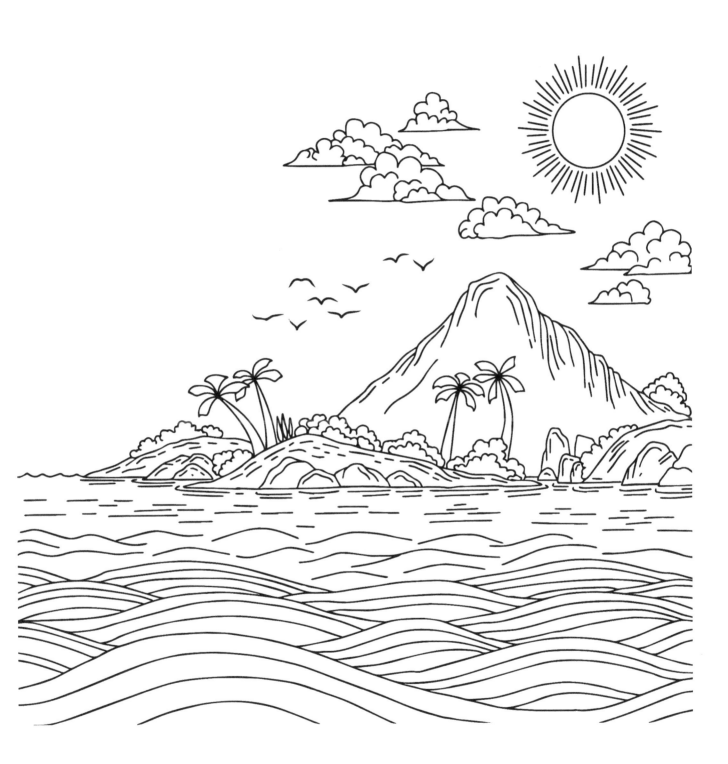

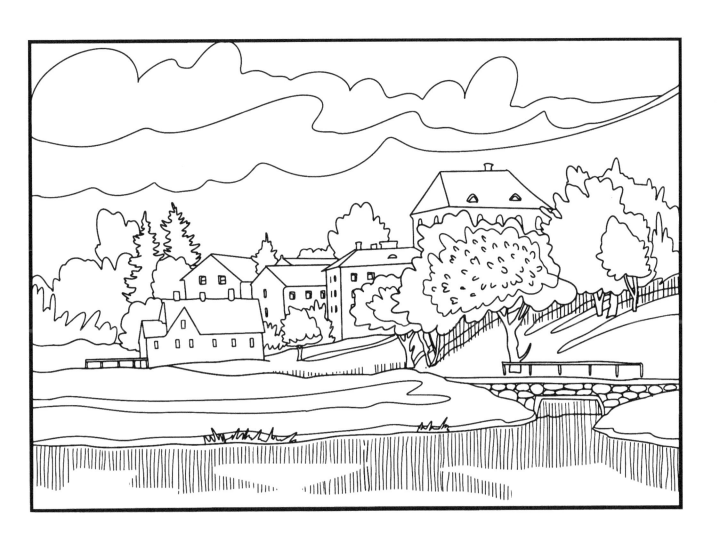

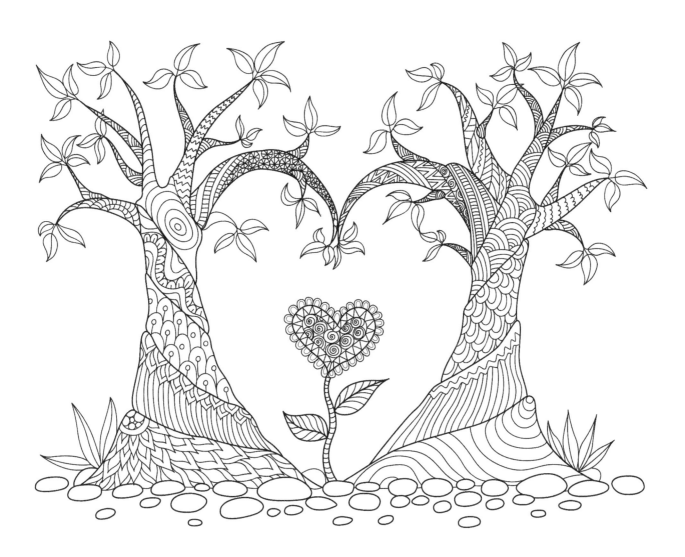

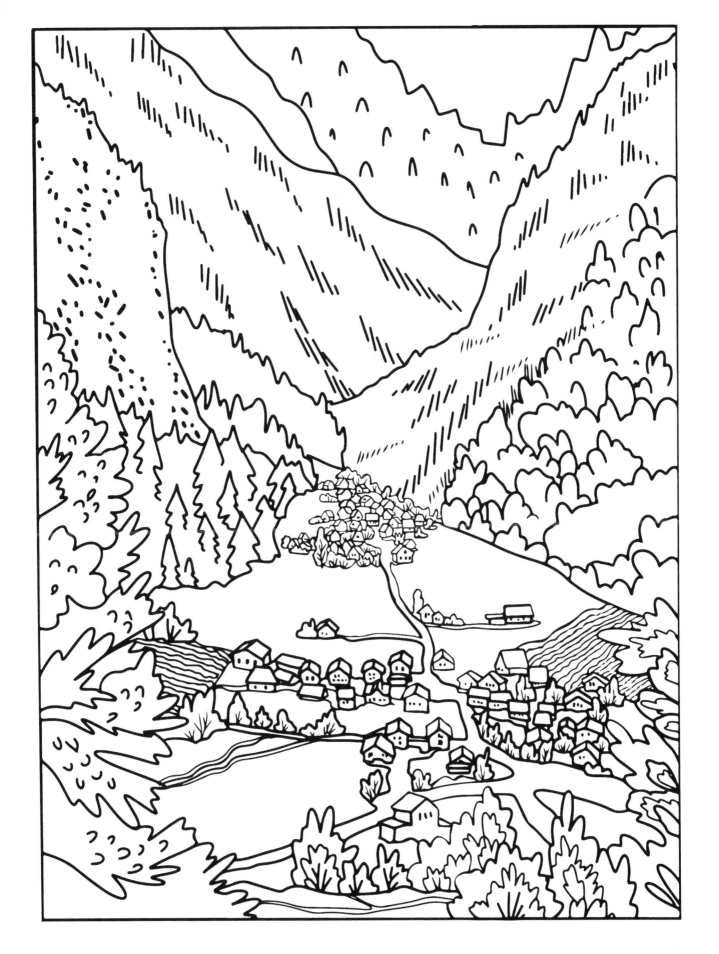

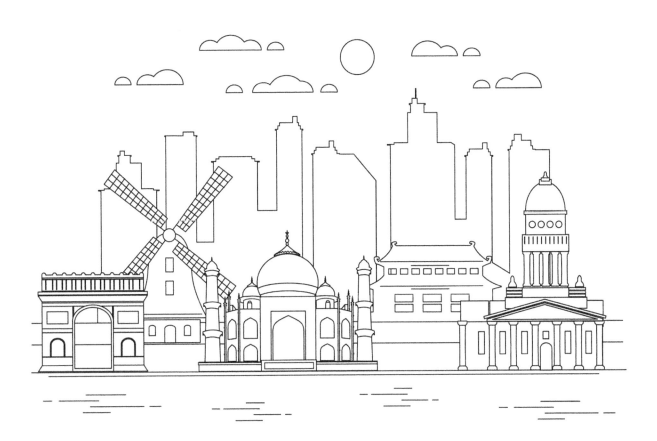

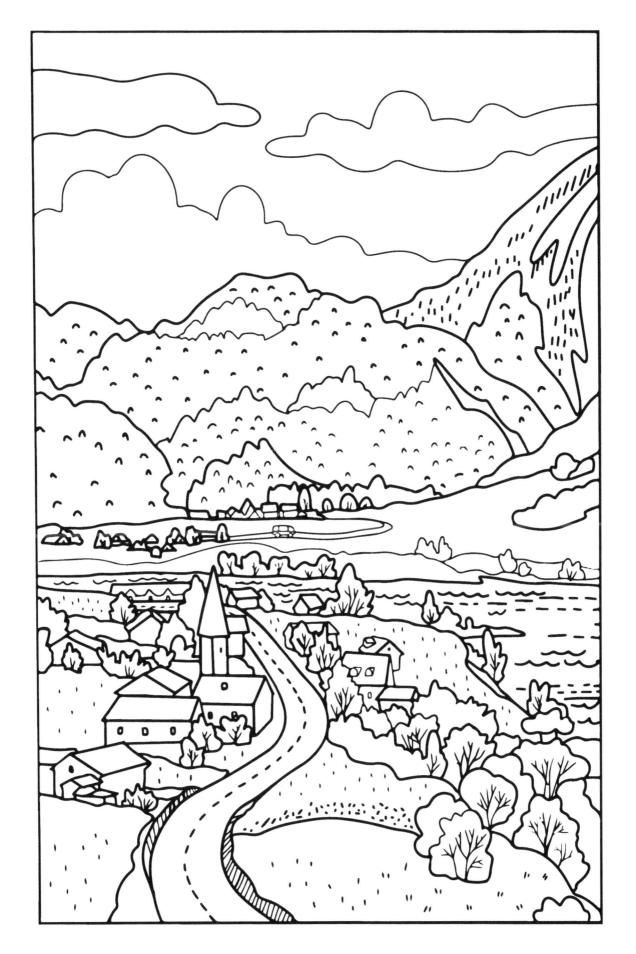

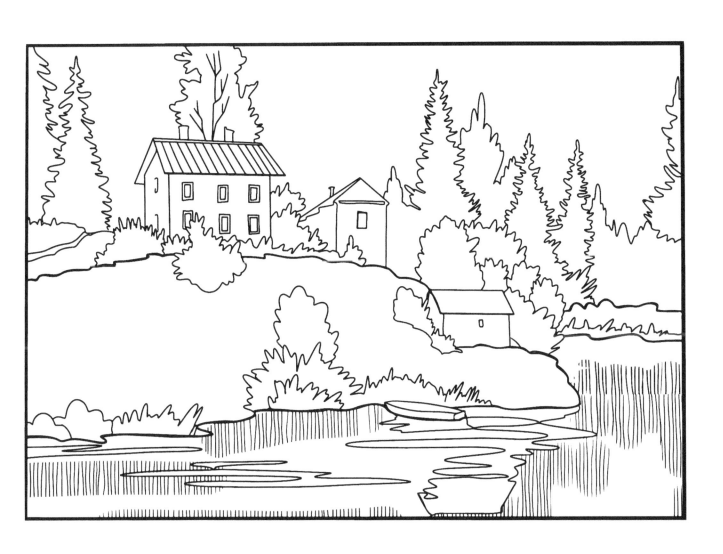

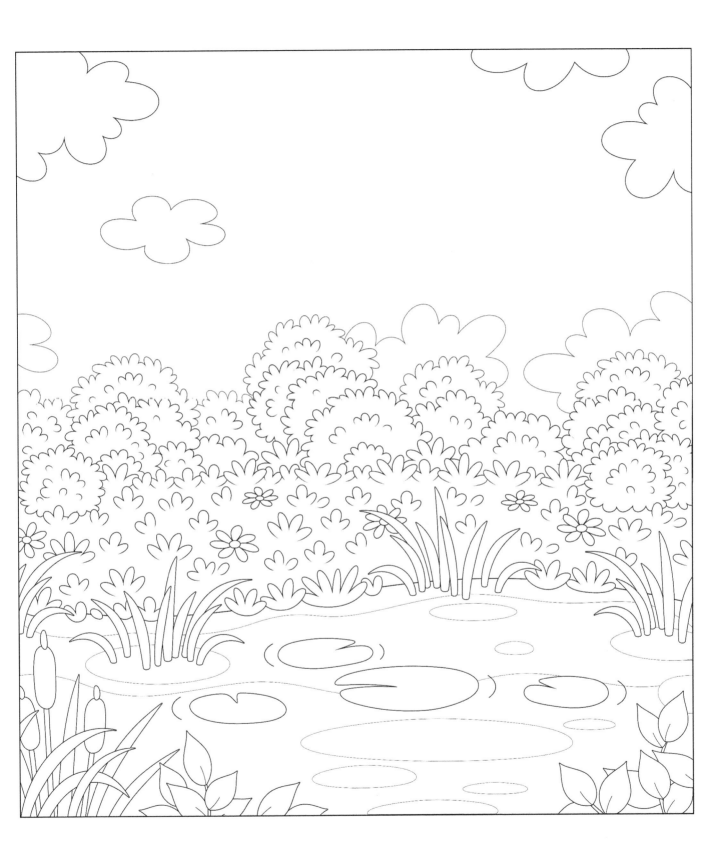

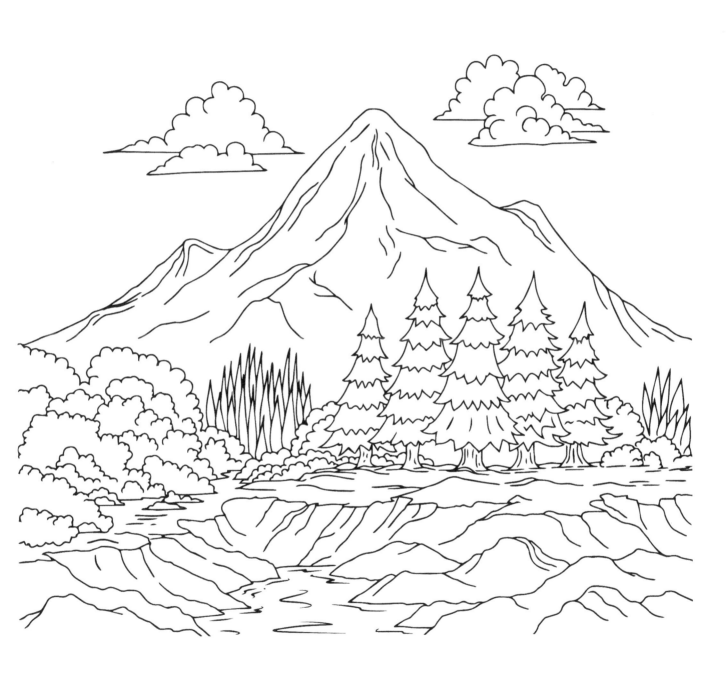

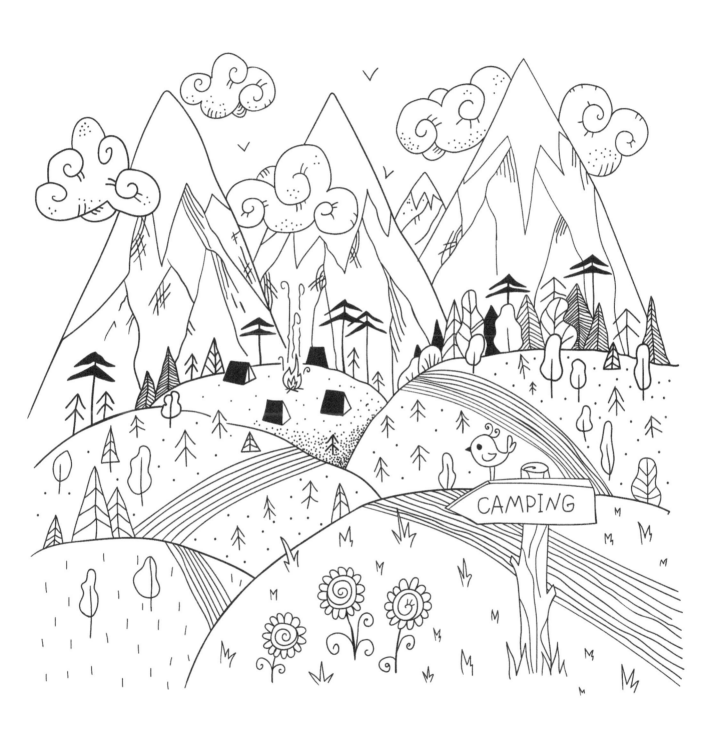

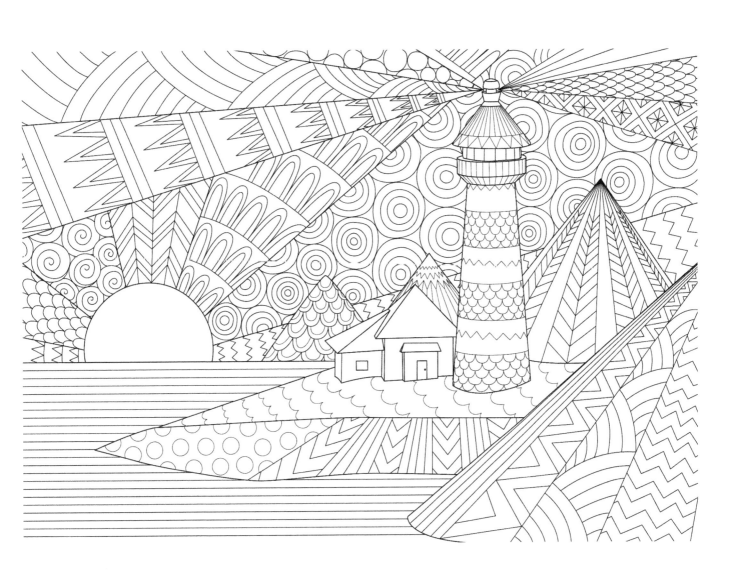

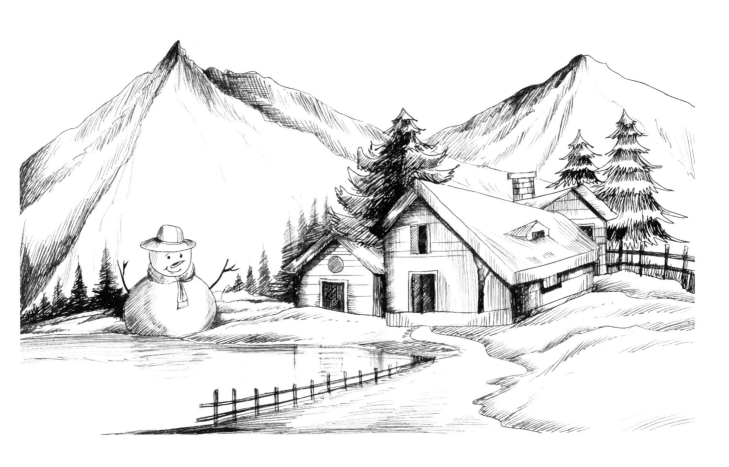

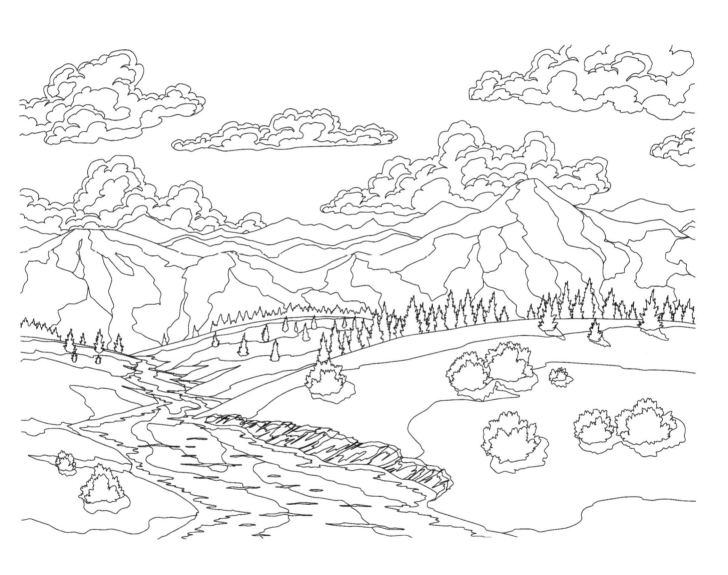

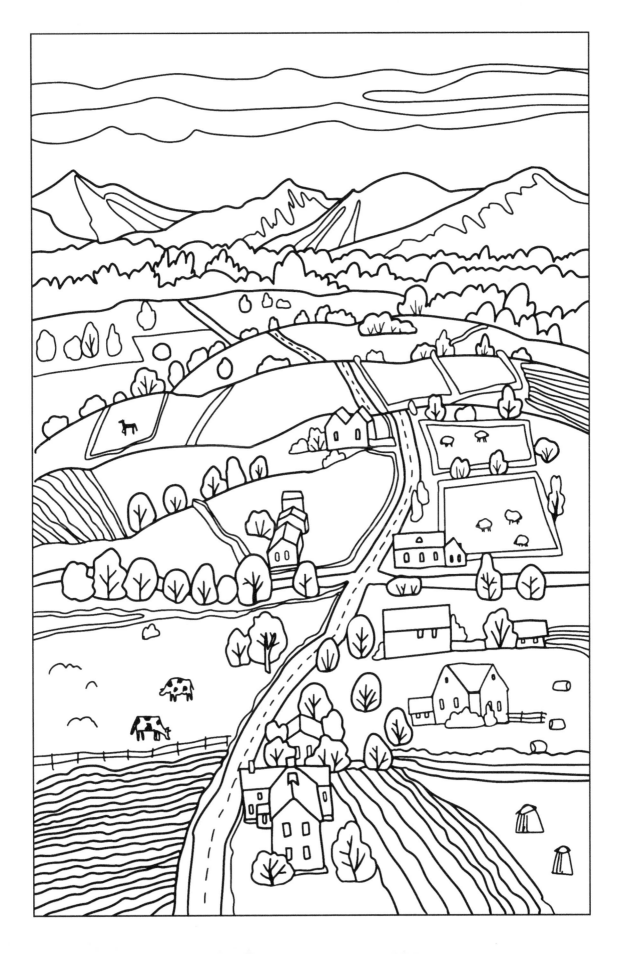

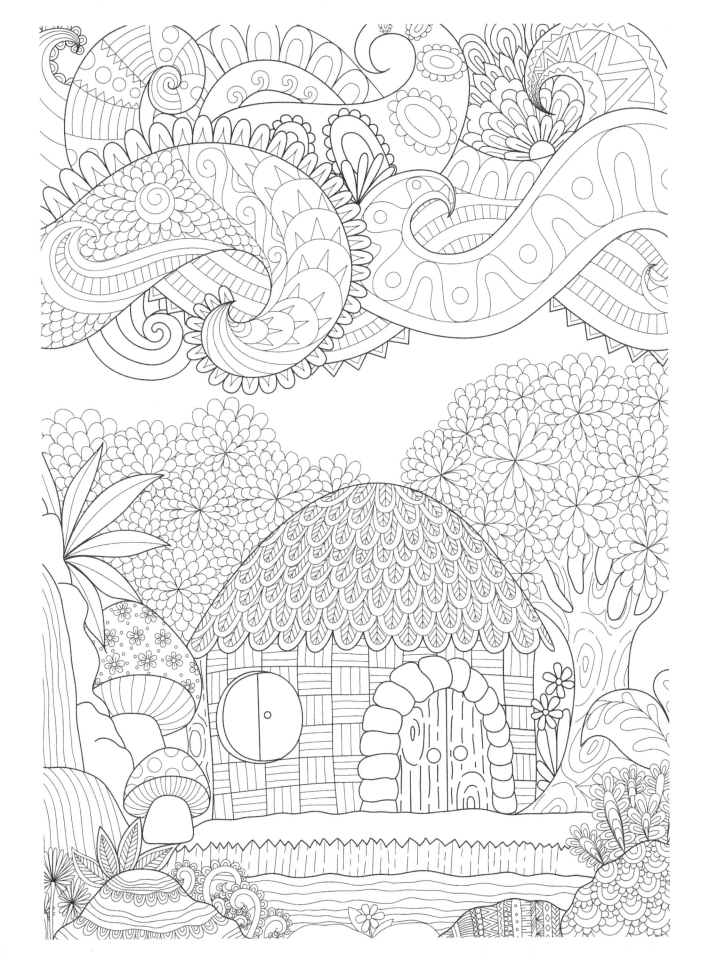

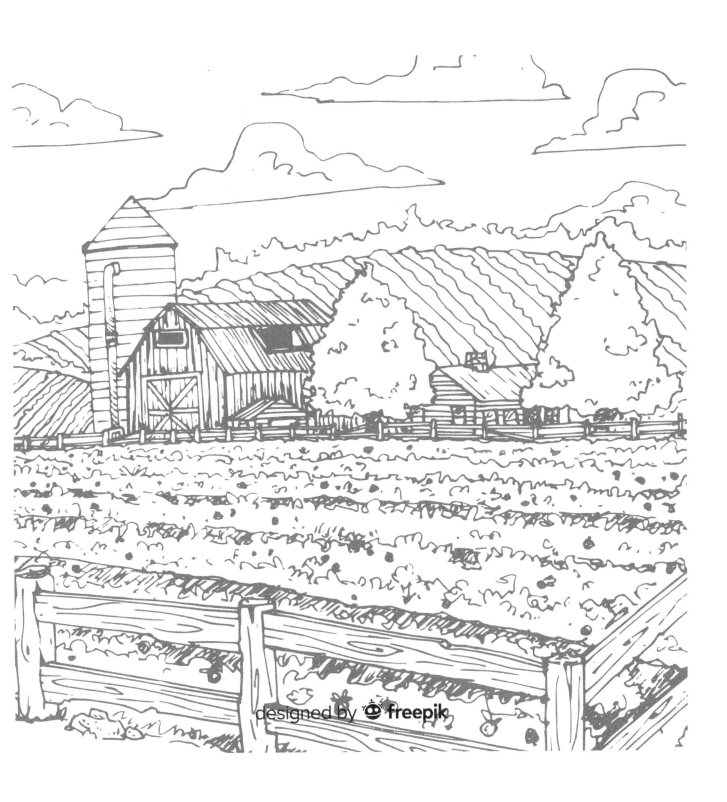

CPSIA information can be obtained
at www.ICGtesting.com
Printed in the USA
BVHW021141180423
662564BV00010B/660